1907 - Novembre - 25

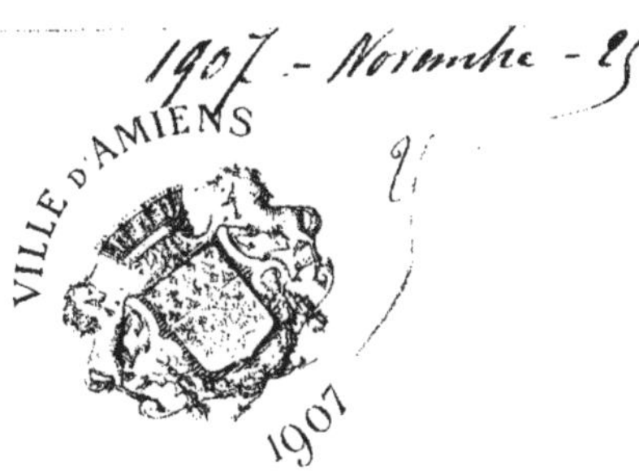

OBJETS D'ART

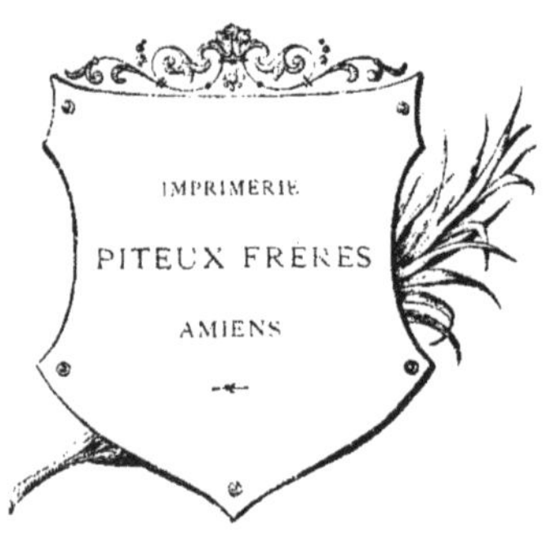
IMPRIMERIE
PITEUX FRERES
AMIENS

CATALOGUE
d'Objets d'Art Anciens

Provenant en grande partie de l'Ex-Collection F. POUY,

Ancien Commissaire-Priseur

COMPRENANT

MEUBLES des ÉPOQUES LOUIS XIII, LOUIS XIV, LOUIS XV, LOUIS XVI & de l' EMPIRE

TABLEAUX ANCIENS ET MODERNES

des Écoles

Française, Allemande, Hollandaise, Italienne et Espagnole

SCULPTURES, Bustes par PILON

TAPISSERIES DES FLANDRES ET DE BRUXELLES

Faïences - Porcelaines - Pâtes Tendres - Biscuits

OBJETS DE VITRINE - MINIATURES

DESSINS - GOUACHES - GRAVURES

LIVRES - MANUSCRITS - AUTOGRAPHES

MONNAIES - BIJOUX

Dont la Vente aura lieu

à l'HOTEL DES VENTES D'AMIENS, 64, rue des Jacobins

Les 25, 26, 27 et 28 Novembre 1907

A DEUX HEURES PRÉCISES

Par Ministère de Commissaire-Priseur

EXPERT :

M. ROBERT GANDOUIN, 40, Avenue Wagram, à Paris

Chez lequel se distribue le présent Catalogue

EXPOSITION

Le Samedi 16 Novembre 1907
et
Le Dimanche 17 Novembre 1907

de 2 heures à 4 heures.

CONDITIONS DE LA VENTE

Elle sera faite au comptant.

Les acquéreurs paieront 10 °/₀ en sus des prix d'adjudication.

L'Exposition mettant le public à même de se rendre compte de l'état et de la nature des objets, il ne sera admis aucune réclamation une fois l'adjudication prononcée.

On aura le plus grand soin des objets adjugés, sans toutefois répondre des accidents qui pourraient y arriver après l'adjudication.

L'Expert remplira les ordres des personnes ne pouvant assister à la Vente.

N.-B. — Dans l'intérêt de la Vente, M. R. GANDOUIN, *expert, se réserve la faculté de rassembler ou de diviser les lots.*

ORDRE DES VACATIONS

Lundi   25 Novembre. . . . . .   N 192 à 204

Mardi   26 Novembre. . . . . .   N   88 à 191

Mercredi 27 Novembre. . . . . .   N   1 à   87

Jeudi   28 Novembre. . . . Bijoux et Monnaies.

MEUBLES

1   Grande et belle table bureau, à trois tiroirs et à quatre faces,
     de l'époque Louis XV, en bois de rose, recouverte d'un
     drap, garnie de son quart de rond, chutes, sabots, poignées
     et entrées de serrures, en bronze ciselé et doré. Haut. o^m78.
     Long. 1^m45. Profond. o^m70.

2   Table de nuit, de l'époque du premier Empire, en acajou,
     garni de bronzes ciselés et dorés.

3   Grande console, en chêne sculpté, Louis XIV, à 4 pieds
     réunis par un croisillon orné au centre d'une grosse margue-
     rite, dessus de marbre. Haut. o^m82. Long. 1^m95. profond. o^m72.

4   Console en bois sculpté, peint en blanc, de l'époque Louis XV.

5   Petite jardinière de l'époque Louis XVI, en bois de rose,
     avec marqueterie en losange et fleurettes.

6   Ecran en-bois, avec feuille en ancienne tapisserie au point,
     représentant Cérès (réparations).

7   Niche en bois sculpté de l'époque de la Régence.

8   Lanterne en bois tourné de l'époque Louis XIV.

9   Boîte à jacquet de l'époque Louis XIII avec, à l'intérieur, le
     jeu d'échecs. La boîte, en ébène, est marquetée d'ivoire de
     couleur. Les pions et les pièces de l'échiquier, de mêmes
     matières.

10   Chasse en bois sculpté et doré, avec peintures polychrôme
     de l'époque Louis XIV, parties vitrées. Haut. o^m47.
     Larg. 1^m35. Profond. o^m55.

11   Secrétaire, de l'époque Louis XV, avec abattant, tiroir en
     haut et portes pleines dans le bas ; en marqueterie de bois
     de rose et de violette. Haut. 1^m43. Larg. o^m95. Profond. o^m40.

12   Vitrine plate de l'époque Louis XV, en bois de rose, à deux
     portes vitrées, dessus de marbre, signée Œben M. E. pre-
     mier ébéniste de Marie-Antoinette. Haut. 1^m37. Larg. 1^m29.
     Profond. o^m25.

13   Grande vitrine de style Louis XIII, en bois noir. Haut. 1^m55.
     Long. 1^m70. Profond. o^m80.

14   Mobilier de salon de l'époque Louis XV, en bois sculpté,
     recouvert de damas vert, composé de un canapé et de six
     fauteuils. Meuble d'une belle ordonnance et en parfait état
     de conservation. Long. du canapé 1^m65. Haut. o^m98,
     Larg. o^m80. Long. d'un fauteuil o^m63. Haut. o^m87. Larg. o^m62.

15   Petit bureau bonheur-du-jour, en marqueterie de bois de rose
     avec abattant, le haut, s'ouvrant à coulisses, est marqueté
     de fleurs. Bel état de conservation. Haut. 1^m05. Long. o^m76.
     Profond. o^m50.

16   Petit bureau à cylindre, de l'époque Louis XV, le dessus et
     le tiroir en marqueterie au damier, le cylindre marqueté de
     fleurs. Bel état de conservation, signé H. Armand.

17   Petit bureau bonheur-du-jour, avec dessus à glaces. Acajou,
     époque Louis XVI.

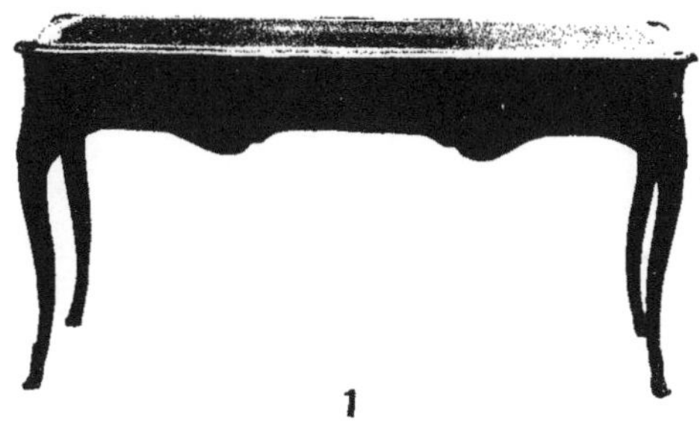

1

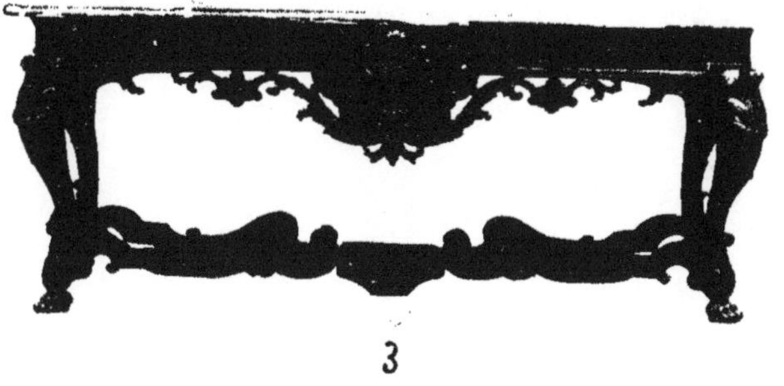

3

18 Bureau de forme dos d'âne, de l'époque Louis XV, en marqueterie de bois de rose et de violette. Haut. 0ᵐ95.
Long. 0ᵐ95. Profond. 0ᵐ47.

19 Chiffonnier de l'époque Louis XVI, à sept tiroirs. acajou
garni de cuivre et asperges, galerie en cuivre et marbre
blanc. Haut. 1ᵐ50. Long. 0ᵐ87.

20 Grand meuble à quatre portes, en chêne sculpté fin de l'époque
Louis XIII, surmonté d'une corniche ayant comme sujet
central Hercule terrassant l'Hydre, accoté de deux sirènes;
les portes. séparées par deux tiroirs à tête d'ange. sont
ornées, au centre, d'un mascaron entouré d'arabesques. les
panneaux latéraux unis quelques réparations. Haut. 2ᵐ72.
Larg. 1ᵐ84.

21 Grande armoire de sacristie. à quatre portes pleines, de
l'époque Louis XIII. chêne sculpté : le haut surmonté
d'une corniche avec. au centre, la Vierge et l'Enfant.
accotée de deux anges : les deux portes du haut ornées, au
centre, des bustes en relief du Christ et de la Vierge. enca-
drées d'un tors de chêne. fruité : les deux portes du bas
sont ornées de bas-reliefs représentant un Evêque et une
Sainte. Haut. 2ᵐ50. Larg. 1ᵐ60. Profond. 0ᵐ70.

22 Grande armoire de l'époque du Premier Empire, en acajou.
garnie à ses colonnes. aux tiroirs et à la glace biseautée, de
bronzes ciselés et dorés. Haut. 2ᵐ05. Larg. 1ᵐ18.

23 Grand buffet, à deux corps à quatre portes vitrées sur la face,
et à deux portes vitrées sur les côtés : le corps du haut. à
corniche. est soutenu de chaque côté par deux fortes
colonnes cannelées et surmontées d'un chapiteau à acanthe.
la base moulurée : le corps du bas est accoté de deux
montants sculptés d'arabesques ajourées. Le meuble est
cintré de la partie face. Haut. 2ᵐ70. Larg. 1ᵐ80. Prof. 0ᵐ80.

24 Grand meuble. à hauteur d'appui, à une grande porte pleine,
en chêne sculpté, dans le style de la Renaissance. Haut. 1ᵐ12.
Larg. 1ᵐ15. Profond. 0ᵐ58.

25 Chambre à coucher, de l'époque du Premier Empire, en
acajou. garnie de bronzes ciselés et dorés, modèle dit au
Carquois, composée d'un grand lit, d'une commode à
quatre tiroirs, et d'un secrétaire à abattant intérieur, à
colonnettes, base et chapiteaux en bronze ciselé et doré.

26 Lit et commode en acajou, garnis de bronzes ciselés et dorés,
époque du Premier Empire.

27 Petit meuble de coin de l'époque Louis XV, en marqueterie
de bois de couleur, avec semis de fleurs et ornements ;
garni de bronzes, dessus en marbre. Haut. 0^m88. Larg. 0^m42.
Profond. 0^m29.

28 Encoignure de l'époque Louis XV, en bois de violette.
Haut. 0^m82. Larg. 0^m70. Profond. 0^m51.

29 Deux petits meubles de coin, en marqueterie de bois de
violette de l'époque Louis XV.

30 Petit tabouret, de l'époque Louis XV, recouvert de velours
rouge.

31 Deux fauteuils Louis XV, bois sculpté, recouverts de Damas
rouge.

32 Grand fauteuil en bois sculpté, de l'époque Louis XIV.

33 Grand prie-Dieu décoratif, de l'époque Louis XIII, en chêne
sculpté. Sur le coffre d'en bas, en bas-relief, un Evangéliste ;
la partie du haut représente, au centre, l'Eucharistie couronné d'une tête d'ange et surmonté d'un fronton avec
un saint couronné par des anges (réparé). Haut. 2^m05.
Larg. 0^m75. Profond. 0^m60.

34 Double stalle en chêne sculpté, de l'époque Louis XIV, avec
miséricordes sculptées de feuilles d'acanthe. Long. 1^m60.
Haut. 1^m10. Profond. 0^m40.

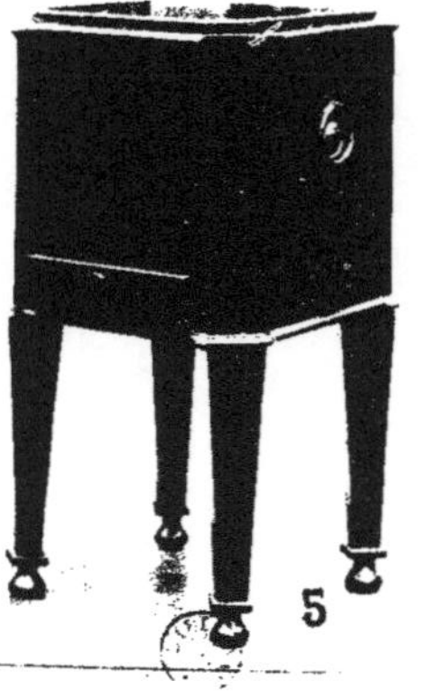
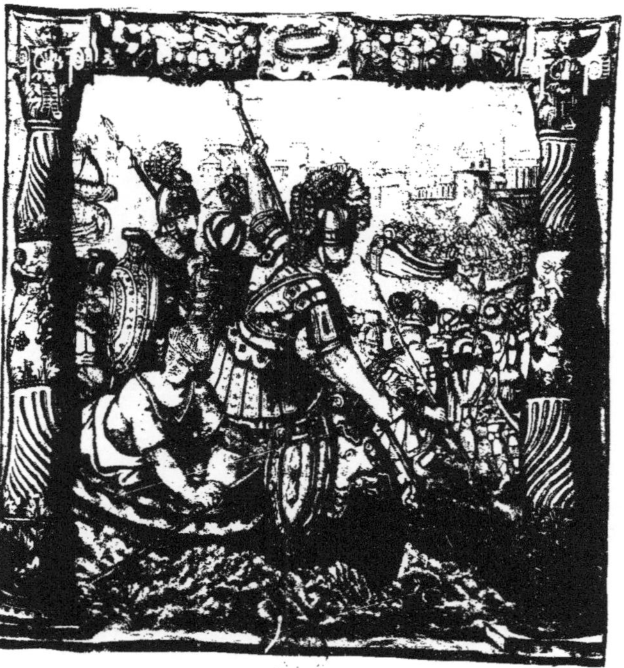
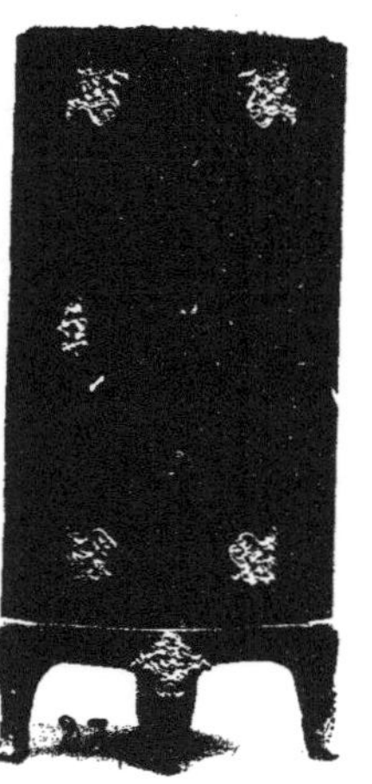

89 B

35   Stalle en chêne sculpté, à moulures, de l'époque Louis XIV.
Long. 1m10. Haut. 0m65. Pronfond. 0m35.

36   Petite commode de l'époque Régence, en bois sculpté, à
trois rangées de tiroirs, garnie de ses poignées et entrées
en cuivre. Long. 1m15. Haut. 0m80. Profond. 0m60.

37   Petite commode de l'époque Louis XV, à deux rangées de
tiroirs, en marqueterie de bois de rose et de violette et
encadrements de bois de couleur. Chutes, entrées, poignées
et sabots en bronze ciselé. Signée J. L. Ellaum M. E.
Haut. 0m86. Long. 0m96. Profond. 0m54.

38   Commode de l'époque Louis XV, à trois rangées de tiroirs,
en bois de rose et bois de violette, avec garnitures en
bronzes ciselés. Haut. 0m90. Long. 1m10. Profond. 0m46.

39   Petite commode de l'époque Louis XV, à trois rangées de
tiroirs, en marqueterie de bois de rose et de violette,
chutes, poignées, entrées et sabots en bronze ciselé.
Haut. 0m86. Long. 0m78. Profond. 0m40.

40   Petit modèle de commode, époque Louis XVI, à trois tiroirs,
marqueterie de bois de rose et de couleur.

41   Petite commode de l'époque Louis XVI, à deux tiroirs, en
marqueterie de bois de rose et de violette, garnitures en
cuivre ciselé. Haut. 0m85. Long. 0m64. Profond. 0m43.

42   Commode de l'époque Louis XVI, à trois rangées de tiroirs,
en acajou ornée de filets de cuivre, marbre blanc. Haut. 0m80.
Long. 1m28.

43   Petit coffre gothique, en chêne sculpté, avec panneau armorié
(réparé).

44   Deux petits coffres formant pendant, époque du xvie siècle,
en chêne sculpté, avec, en demi ronde bosse, les figures
des évangélistes et des saintes femmes (quelques réparations. Haut. 0m40. Long. 0m60. Profond. 0m38.

45   Grand coffre en bois de l'époque Renaissance, en chêne sculpté, travail Lyonnais. Haut. 0ᵐ80. Long. 1ᵐ52. Profond. 0ᵐ70.

46   Coffre à bois, composé de panneaux gothiques, dans le style flamboyant, portant dans le panneau central un écu fleurdelysé. Le meuble est recouvert en cuir de Cordoue à fond turquoise, rehaussé de ramages et oiseaux d'or. Long. 1ᵐ70. Haut. 0ᵐ60. Profond. 0ᵐ45.

47   Petit cabinet de style Louis XIII, en bois noir, orné de bas-reliefs argentés, représentant, sur la porte centrale, Hercule terrassant l'Hydre, et, sur les tiroirs, des arabesques et animaux chimériques. Haut. 0ᵐ90. Long. 0ᵐ78.

48   Grand coffre, boîte à bijoux, en laque de Chine rehaussé de couleurs, de l'époque Louis XVI.

48 bis   Un bureau bonheur du jour, acajou et filets cuivre.

48 ter   Une console desserte, acajou et cuivre, dessus marbre.

48 quater   Une table bouillotte, acajou et filets de cuivre.

GLACES

49   Petite glace de l'époque de la Régence, en bois sculpté et redoré.

50   Glace de style Louis XII, en bois sculpté et gravé.

PANNEAUX & BOIS SCULPTÉS

51   Panneau du xvᵉ siècle, en chêne sculpté et polychromé, représentant une annonciation : panneau provenant d'un tabernacle.

52   Partie de rétable du xvıᵉ siècle, en chêne sculpté, représentant une résurrection : trois personnages.

53   Panneau ancien de l'époque Renaissance, en chêne sculpté, représentant l'Architecture.

54   Panneau de style Renaissance, en bois sculpté, représentant le Dieu de la Guerre.

55   Panneau ancien du xvı siècle, en bois sculpté, avec, au centre, en demi ronde-basse, le buste de Saint-Jean-Baptiste.

56   Petit panneau, en chêne sculpté, de l'époque Louis XIII, Adoration des Mages : six personnages.

PETITE SCULPTURE

IVOIRE ET BOIS

57   Petit médaillon de l'époque Louis XVI, avec, en relief, Saint-Jean-Baptiste, travail dit réticulé .quelques manques .

58   Statuette ivoire, époque Louis XVI, représentant une vestale.

59   Amulette, souvenir de mariage, curieux document en ivoire : travail japonais du xıxᵉ siècle.

60   Deux statuettes en ivoire, de l'époque Louis XVI, représentant un saint et une sainte.

61   Christ en bois sculpté, cadre ancien de l'époque Louis XIV, en bois sculpté et redoré.

62   Christ en bois sculpté sur sa croix et pied en bois noir, époque Louis XIV. belle exécution. Haut. 0m37 (hauteur du christ).

63   Deux petites statuettes en bois sculpté, grotesques mendiants homme et femme. Haut. 0m13.

64   La Charité, petite statuette en bois sculpté : (l'Original, grandeur nature, existe à la cathédrale d'Amiens). Haut. 0m15 1/2.

65   Tableau de chemin de croix, en bois sculpté et doré, de l'époque Louis XIV. Au centre, un bas-relief polychromé et doré, représentant Jésus succombant sous le poids de sa croix. Bel état de conservation.

SCULPTURES

66   Statuette de l'époque gallo-romaine, représentant la déesse Flora ou la reine des fleurs, debout, tenant un bouquet dans les bras, la tête couronnée de fleurs. Pièce d'une grande rareté, trouvée dans les tourbières des environs d'Amiens. — Marbre.

67   Deux bustes originaux, en plâtre, représentant les portraits de Madame et Mademoiselle Dumont (le Conventionnel). Haut. 0m68 et 0m51.

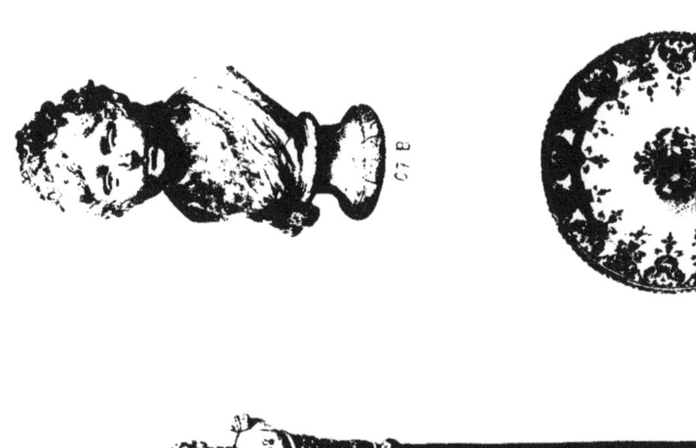
67 B
155
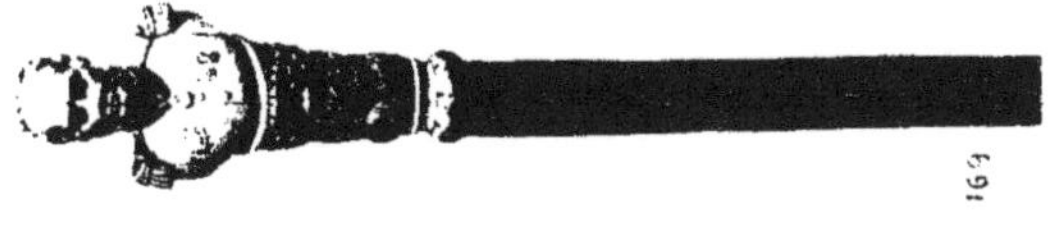
163
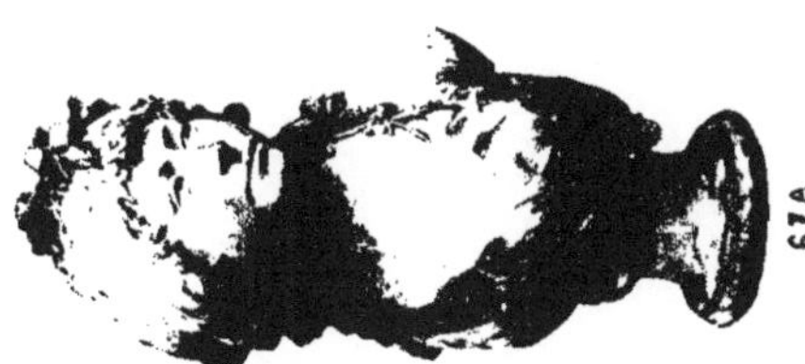
67A
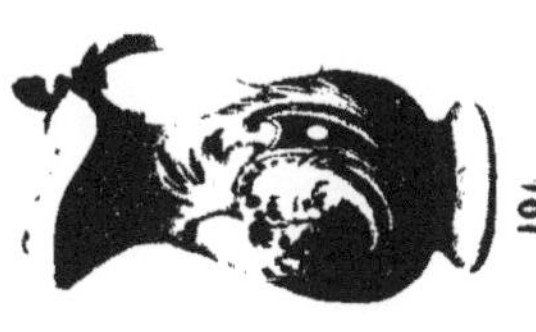
101

Le plus grand est représenté la tête tournée vers la droite.
coiffée les cheveux tombant sur le front ainsi que derrière
la tête ; Dans les cheveux, au sommet, un bouquet de fleurs
retenu par un ruban, la chemisette est légèrement décolletée,
une guirlande de roses épouse les épaules et passe sous le
sein droit. Ce buste porte la signature PILON *fecit, an trois
de la République.*

Le petit est représenté vu presque de face, coiffé les cheveux
sur le front, avec un gros bouquet de roses sur le sommet,
retenu par un large ruban faisant le tour de la tête, noué
par derrière et retombant sur le cou, la chemisette légèrement
décolletée. Ce buste porte la signature PILON *fecit*. Bel état
de conservation.

Pilon était sculpteur, élève de Pajou père : ses œuvres sont
plutôt rares et peu répandues, ses principaux ouvrages
furent exposés aux salons de 1791 et 1806 et représentant
une série de plusieurs bustes, portraits d'hommes et de
femmes : un groupe en plâtre, allégorie de Washington et
de la Liberté : un projet de tombeau pour B. Francklin.

Pilon était très lié avec son contemporain Houdon.

Dumont André, Conventionnel montagnard, né à Oisemont,
dans la Somme, en 1764, mort en 1836.

68   Nini J.-B. — Médaillon en terre cuite, grand modèle, repré-
sentant Albertine, née Baronne de Vivernheim, 1768.
(Diamètre 0^m161 2 : portant, au verso, l'estampille n° 12.
Belle épreuve intacte).

CADRES BOIS SCULPTÉ

69   Joli petit cadre en bois sculpté et doré de l'époque Louis XIV,
      parfait état de conservation. Vue : Haut. 0^m36. Larg. 0^m22.

70   Beau cadre en bois sculpté et doré de l'époque Louis XIV,
      belle conservation. Vue : Haut. 0^m30. Larg. 0^m24.

71   Cadre de glace, forme ovale, en bois sculpté et doré de
      l'époque Louis XIV. Vue : Haut. 0^m72. Larg. 0^m52.

72   Grand cadre ovale Louis XIV bois sculpté et doré. Vue :
      Haut. 0^m68. Larg. 0^m56.

73   Cadre rectangulaire de l'époque Louis XIV en bois sculpté et
      doré. Vue : Haut. 0^m53. Larg. 0^m36.

74   Cadre en bois sculpté de l'époque Louis XIV, peint en gris.

75   Cadre ovale en bois sculpté et doré de l'époque Louis XIV.
      Vue : Haut. 0^m32 1/2. Larg. 0^m26. Bel état de conservation.

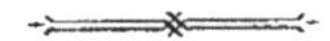

PENDULES, FLAMBEAUX, BRONZES

76   Petite pendule dans le style de Boulle, garnie de bronzes.

77   Petite pendule et ses flambeaux de l'époque Louis XVI. Le
      cadran, signé Lomé à Versailles, est surmonté d'un vase et
      soutenu par quatre petites colonnettes de marbre blanc,
      entourées de guirlandes de laurier. Le socle, en porcelaine
      blanche, forme demie-lune. Les flambeaux sont composés de
      deux chinois bronze ; patine médaille, portant un binet.

78   Pendule de l'époque du Premier Empire, en bronze ciselé et
doré. Socle en marbre vert antique, représentant Zéphyre
dérobant les armes de l'Amour. Le bas-relief représentant
l'Amour surprenant Zéphyre. Haut. 0m55. Larg. 0m45.
Prof. 0m15.

79   Pendule de l'époque du Premier Empire. Modèle au char.
Bronze ciselé et doré. Socle en marbre vert. Bel état de
conservation.

80   Petit porte-montre en forme de pyramide surmonté d'un vase,
en bronze ciselé et doré, de l'époque Louis XVI.
Haut. 0m20. Larg. 0m15.

81   Paire de chenets de l'époque Louis XVI, composé de vases,
sur des demi-fûts de colonne et guirlandes.

82   Paire de vases de style Empire, fond gros bleu, ornés
d'appliques en bronze ciselé et doré.

83   Paire de candélabres de style Empire, à sept lumières, en
bronze ciselé et doré, supportées par deux cariatides de
bronze vert, socles marbre vert antique. Haut. 0m80.

84   Grande paire de flambeaux de style Louis XV en bronze
ciselé. Haut. 0m35.

85   Bénitier de style Empire, le Christ en extase, la coquille
entourée d'anges ; bronze ciselé et doré.

86   Bas-relief de l'époque Empire, en bronze ciselé, patine
médaille, représentant les Jeux des Amours, modèle de
Thomire. Larg. 0m51. Haut. 0m11.

87   Crosse processionnelle de style gothique, en argent ciselé et
doré, ornée d'appliques représentant des Anges et Chérubins.
Dans la partie contournée en bas-relief, la Vierge et
l'enfant, pièce ornée de cabochons en pierres de couleur et
matières dures. La hampe, en cuivre.

TAPISSERIES

TISSÉES ET AU POINT

88   Deux bandeaux de l'époque Louis XV, tapisserie au point.

89   Deux grandes et belles tapisseries anciennes de la fin du
xvi° siècle, tissées laine et soie. L'une représentant *la prise
d'une ville*, par mer, l'autre, un *sacrifice au Dieu de la guerre*.
Nombreux et grands personnages. Ayant comme encadre-
ment, sur les côtés, deux grosses colonnes. Sujets centraux
représentant des *amours cueillant des raisins :* la bordure du
haut est ornée de guirlandes de fruits, attachés au centre
par un gros médaillon. Tapisseries exécutées dans les manu-
factures de Bruxelles et portant en bas, sur une lisière bleue,
la signature de Gilam Van Yver ꓭ ꓴ B. Haut. 3ᵐ40.
Larg. 4ᵐ.

90   Tapisserie des Flandres, de l'époque de Henri IV. *La chasse
au cerf.* Haut. 2ᵐ30. Larg. 1ᵐ90.

91   Tapisserie des Flandres de l'époque Louis XIII. *La Vierge
consolatrice* (bordure en bas rapportée et quelques réparations). Haut. 2ᵐ80. Larg. 2ᵐ55.

92   Petit panneau de l'époque Louis XIII. travail au point et à
l'aiguille. tissée de soie réhaussée d'argent et d'or, représentant *Jésus succombant sous sa Croix.*

93   Tapisserie de la fin du xvi° siècle. représentant *Le songe de
Jacob.* Haut. 2ᵐ40. Larg. 2ᵐ.

94   Tapisserie de l'époque Louis XIV. verdure avec volatiles et
paysage, toute sa bordure. Haut. 3ᵐ. Larg. 2ᵐ15.

95   Petit panneau en ancienne tapisserie d'Aubusson de l'époque
Louis XV : *Le départ du chasseur.* Haut. 1ᵐ55. Larg. 1ᵐ10.

96   Portière en Aubusson, époque Louis XV, avec toute sa bordure. Haut. 2ᵐ95. Larg. 1ᵐ75.

97   Tapisserie d'Aubusson de l'époque Louis XIV : *Le départ pour la chasse.* Haut. 2ᵐ28. Larg. 2ᵐ60.

98   Tapisserie d'Aubusson de l'époque Louis XIV : *Jésus trouvant ses disciples,* toute sa bordure. Haut. 2ᵐ95. Larg. 2ᵐ50.

ÉTOFFES, BRODERIES

99   Deux gilets en soie brodée de fleurettes. époque Louis XVI.

100   Aumònière époque Louis XIV. en velours rouge. tissée soie et or. avec armoiries entourées de fleurs de lys.

101   Saint en prière. Broderie de soie réhaussée d'argent. époque Louis XIV.

102   Devant d'autel au point dit de Hongrie. tissé de soie d'or et d'argent, divisé en triptyque. Au centre. *l'Adoration des Bergers :* à droite. *l'Adoration des Rois :* à gauche. *la Circoncision.* Dans le haut. en bordure. des réserves représentant *la Fuite en Egypte, le Baptême. Jésus guérissant un malade. la Résurrection* et *Jésus à la fontaine.* Belle et intéressante broderie. Haut. 1ᵐ. Larg. 2ᵐ35.

103   Chasuble en soie verte, sujets Louis XV.

PORCELAINES, PATES TENDRES ET BISCUITS

104   Joli pot à eau, en ancienne pâte tendre de Chantilly, de l'époque Louis XV, décor en relief, avec, au centre, un médaillon représentant des oiseaux et volatiles dans un paysage. Le couvercle attaché par une monture en argent ciselé. Pièce d'une forme très élégante et en parfait état de conservation (rare).

105   Pot à lait, ancienne pâte tendre de Chantilly (fracturé).

106   Deux petits pots à pommade, en pâte tendre de Tournay (intacts).

107   Cinq assiettes en porcelaine tendre de Tournay, décor camaïeu bleu, au papillon (une fêlée).

108   Petite chocolatière en ancienne porcelaine de Tournay, décor camaïeu bleu.

109   Lot de couvercles en porcelaine et pâte tendre.

110   Deux petits pots à pommade en ancienne porcelaine tendre de Saint-Cloud (intacts).

111   Six petits pots à crème, avec leur couvercle, en ancienne pâte tendre de Mennecy (pot fêlé, une anse fracturée) décor de semis de fleurs et boutons formant fruits.

112   Quatre petits couvercles en pâte tendre de Mennecy.

113   Sucrier en porcelaine de Lille.

114   Cinq petites statuettes en porcelaine de Saxe, avec un groupe à deux personnages représentant *La danse champêtre*, les quatre autres représentant *La petite marquise*, *La petite jardinière*, *La jeune servante* et *Le marchand de poissons*.

115 Tasse et soucoupe en porcelaine de Saxe, forme tulipe, décor
de fleurs et papillons.

116 Deux petits socles en porcelaine allemande de l'époque
Louis XV, blanc rehaussé d'or.

117 Grande soucoupe en porcelaine de Lille, manufacture du
Dauphin, décor bouquets de fleurs.

118 Deux grands cache-pot en ancienne porcelaine d'Arras,
époque Louis XV.

119 Petit légumier et son plateau en ancienne porcelaine d'Arras.

120 Deux tasses en porcelaine de La Courtille, décor de fleurs
et marli rubanné, avec un sucrier même décor.

121 Petite boîte sans couvercle, en porcelaine de Paris, décor
bouquets de fleurs.

122 Tasse et soucoupe en porcelaine de Paris, de Hally, décor
médaillons et guirlandes de fleurs.

123 Bourdaloue en ancienne porcelaine de Paris, décor de fleurs
(intact).

124 Paire de vases de l'époque Empire, en porcelaine de Paris,
avec médaillons représentant *l'Amour lutinant un cerf* et
l'Amour lutinant un bouc, fond or rehaussé de dessins
d'arabesques, d'après Chenavard. Haut. 0^m32.

125 Deux vases porcelaine gros bleu, avec jolies montures en
bronze ciselé et doré ; bel état de conservation.

126 Paire de vases de l'époque du Premier Empire, en porcelaine
de Paris, décorés de réserves représentant : *Les Petits
vignerons* et *La Conversation galante*, anses pieds et cols
dorés. Haut. 0^m36.

127 Petit pot à pommade en porcelaine de Paris, décor bouquets
de fleurs.

128   Deux petits pots à pommade en porcelaine de Paris, fabrique de Charles Philippe, décor fleurs marli doré.

129   Cuillère à saupoudrer en ancienne porcelaine blanche, rehaussée d'or, de l'époque Louis XV.

130   Groupe *la Vierge, l'Enfant et saint Jean,* porcelaine, décor polychrome, rehaussé d'or, fabrique de Jacob Petit. Haut. o'"48.

131   Plateau de style Louis XV, décor nid d'oiseaux et fleurs, fabrique de Jacob Petit.

132   Petit groupe en biscuit d'après Falconet E. M. Représentant *l'Amour corrigé.* Haut. o'"24. Larg. o'"14.

133   Six assiettes ancienne porcelaine de Chine, famille rose, (intactes).

134   Six tasses et cinq soucoupes en porcelaine de Chine, décor au Capucin, intérieur polychrome, possédant une gaine.

135   Grosse théière en craquelé de Chine.

136   Deux vaches en porcelaine de la Compagnie des Indes, avec cornes dorées.

FAIENCES

137 Porte-burettes en faïence de Sceaux décor guirlandes et ornements d'or sur fond blanc : les burettes en verre gravé et doré.

138 Deux pots à pharmacie, décor camaïeu bleu à lambrequins et armoiriés, en ancienne faïence de Moustiers.

139 Cruche en grés, émail bleu et réserves gravées en blanc, le bec orné d'une tête de Neptune, époque Louis XIII. (fêlure).

140 Petite bonbonnière en ancienne faïence de Delft, avec son couvercle orné de deux anses, décor en camaïeu bleu rehaussé de manganèse, sujets chinois, le couvercle à lambrequins. Pièce de la fabrique de Martin Gonda, année de 1671. Curieux et rare échantillon, intacte.

141 Vase postiche en ancienne faïence de Delft, sujet paysage, le couvercle avec bouton réparé.

142 Deux grands pichets en faïence de Delft, un couvercle fracturé : décor polychrome. Haut. 0^m35. Larg. 0^m25.

143 Deux vases à fleurs en ancienne faïence de Delft, décor camaïeu bleu.

144 Petit jouet simulant une chaise percée, en ancienne faïence de Delft.

145 Deux assiettes en ancienne faïence de Delft, de l'époque Louis XIV, décor personnages dans un parc, camaïeu bleu, (fracturée).

146 Soupière en ancienne faïence de Rouen, décor à la Corne.

147 Sucrier en ancienne faïence de Rouen, de l'époque Louis XIV, décor polychrome (fracture au piédouche).

148 Deux grandes bouteilles et grand vase à couvercle, en faïence de Rouen, décor camaïeu bleu.

149 Grande bannette en ancienne faïence de Rouen, décor polychrome.

150 Petite bannette en ancienne faïence de Rouen, époque Louis XIV.

151 Bannette sans anse, de forme octogonale, ancienne faïence de Rouen, décor à la corne.

152 Deux assiettes plates, deux assiettes creuses, en ancienne faïence de Rouen, décor à la corne ; quelques craquelures : marquées A. P.

153 Jatte creuse, à bords dentelés, en ancienne faïence de Rouen, décor à la corne, fêlures : marque F.

154 Grand pot à épices, en ancienne faïence de Rouen, sans décor.

155 Grand plat en ancienne faïence de Rouen, décor à la ferronnerie, époque Louis XIV ; au centre, panier fleuri. Diamètre o^{m}5o.

156 Pot à cidre, en ancienne faïence de Rouen, décor polychrome, époque Louis XIV.

157 Un casque en ancienne faïence de Rouen, décor polychrome, époque Louis XIV.

158 Petit pot-pourri, en ancienne faïence de Nevers, décor camaïeu bleu rehaussé de manganèse.

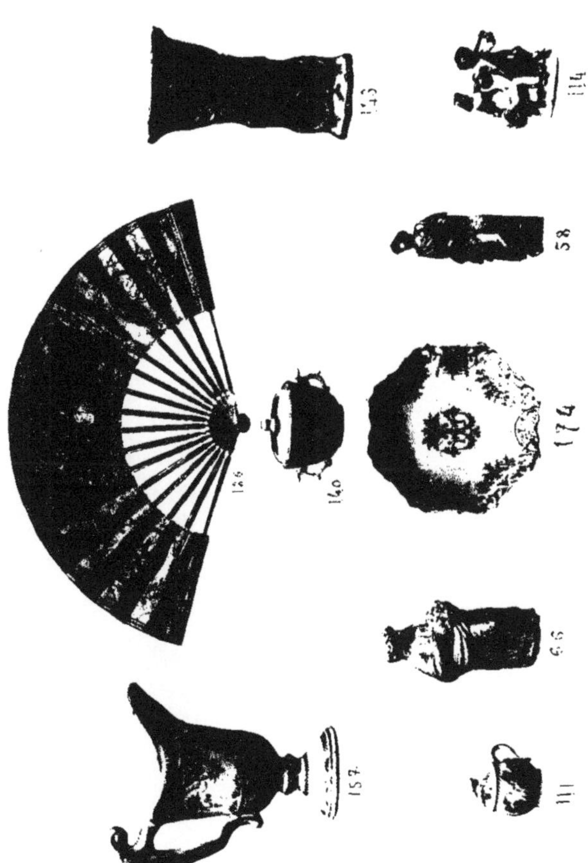

159   Potiche et son couvercle en ancienne faïence de Nevers. Décor au chinois, camaïeu bleu rehaussé de manganèse.

160   Deux petites bouteilles à double renflement, en ancienne faïence de Nevers ; dépareillées.

161   Bouteille en ancienne faïence de Nevers, décor carmaïeu rehaussé de manganèse ; sujets chinois.

162   Deux petits cache-pot en ancienne faïence de Nevers, anses formes torses, décor camaïeu bleu.

163   Grande vasque ronde, en ancienne faïence de Nevers.

164   Deux aiguières de l'époque Louis XV, décorées de guirlandes, de fleurs et de bouquets, avec couvercles à boutons de fruits, en faïence de Strasbourg.

165   Petite saucière à plateau adhérent, en ancienne faïence de Strasbourg, époque Louis XV.

166   Corbeille à fruits, en ancienne faïence de Strasbourg, bords ajourés, genre vannerie, époque Louis XV.

167   Deux sucriers à plateaux adhérents, en ancienne faïence de Strasbourg, décor de bouquets de fleurs avec boutons formant fruits.

168   Deux porte-bouquets en ancienne faïence de Strasbourg, décor à la rose.

OBJETS DE VITRINE

169   Canne de l'époque du premier Empire, avec la poignée en ivoire sculpté, représentant en buste le baron Larrey, premier chirurgien de l'Empereur. La tige en ivoire, gravée et ouvragée dans la partie supérieure d'incrustations d'écaille. Pièce en parfait état de conservation et d'un grand intérêt historique. Cet objet d'art a été offert, des mains de l'Empereur, à son chirurgien en chef. Haut. 0^m98. Haut. du buste 0^m12.

170   Petite boîte en ivoire sculpté du xviiie siècle : le sujet d'après F. Boucher, représente une chinoiserie.

171   Petite boîte à jetons en ancien émail de Saxe.

172   Bonbonnière de l'époque Louis XV, en cristal de roche, taillé à facettes, monture or.

173   Paire de pistolets et poire à poudre en or ciselé, époque 1830 (objets minuscules).

174   Sept drageoirs octogonaux et dentelés, en ancienne faïence de Rouen, décor camaïeu bleu ; au centre, corbeille de fleurs, sur le marli, guirlande de fleurs.

175   Partie de pulvérin, en os sculpté, de l'époque Henri IV, avec sujet sculpté représentant une princesse demandant une grâce à un roi.

176   Brosse de l'époque Louis XIV, le dessus en maroquin, dorure aux petits fers, avec couronne et fleurs de Lys.

177   Etui à aiguilles de l'époque Louis XVI, orné de médaillons à plusieurs tons d'or.

178   Plaquette en étain, style Louis XIV, représentant le *jugement de Salomon*.

179   Jolie petite boîte à parfums, avec ses deux flacons, cure-dents, etc..., en ancien émail de Battersea. La boîte ornée de réserves avec sujets encadrés d'or, monture et garniture ciselées et dorées.

180   Petit porte-flacons à odeur, cristal et monture or, avec son
       étui en galuchat, époque Louis XVI.

181   Petit porte-flacons à odeur, avec son étui en maroquin rouge,
       doré aux petits fers, époque Louis XVI.

182   Petit porte-flacons à odeur, en forme de livre, avec rébus et
       devise en maroquin rouge, doré aux petits fers.

183   Noix contenant, à l'intérieur, 2 petits flacons à odeur.

184   Deux petits flacons à odeur de l'époque Louis XVI et un
       petit étui à dé, travail exécuté en coco sculpté.

185   Petit flacon à parfums, en cuivre doré, avec vues de Paris,
       Epoque 1830.

186   Eventail ancien, de l'époque Louis XVI, avec monture en
       ivoire incrustée de fleurs, réhaussée d'ors de couleurs. La
       feuille, peinte sur soie, représente, peint à la gouache un
       sujet galant de trois personnages et deux médaillons repré-
       sentant des instruments de musique et des attributs de
       l'hymen, encadrés dans des paillettes dorées.

187   Eventail de style Louis XVI, feuille peinte à la gouache,
       représente un *sujet galant*.

188   Eventail ancien, de l'époque Louis XVI, avec monture en
       ivoire incrustée d'argent doré ; la feuille, peinte à la
       gouache sur soie, représente *des officiers débarquant sur la
       terre américaine*, pailleté d'or et de couleurs. Curieux
       document sur l'indépendance des Etats-Unis d'Amérique.

189   Eventail ancien, de l'époque Louis XVI, avec monture en
       ivoire décorée de fleurs et d'incrustations d'argent doré ;
       la feuille, peinte à la gouache, représente *la demande à la
       colombe*, sujet de cinq personnages.

190   Eventail ancien, de l'époque Louis XVI, avec monture en
       ivoire ajourée et rehaussée de fleurs peintes ; la feuille
       représente deux personnages et leurs servantes, dans un
       paysage.

191   Fort joli couteau à fruit en vermeil, avec manche ciselé,
       à plusieurs tons d'or.

OBJETS D'ART

192   Petit reliquaire en bois sculpté, du XVIIe siècle, divisé en trois niches ; dans la centrale, en ronde bosse et en argent doré, le Christ ; de chaque côté, les saintes femmes. Haut. o^m41. Larg. o^m41.

193   Centre de tabernacle, de l'époque Louis XIII, en ébène, avec colonnettes de marbre de couleur, incrustation de marbres et de pierres précieuses : Lapis-Lazuli, agate et autres, orné de chapitaux et de bas-relief en bronze, ciselés et dorés. Haut. 1^m30. Larg. o^m67.

194   Présentoir à œuf, en tôle peinte et dorée, de l'époque Empire, avec ses six coquetiers en porcelaine de Paris.

195   Horloge de voyage, de forme sexagonale, en cuivre gravé, de l'époque du XVIe siècle, avec, sur les six pans, gravés et dorés, les dieux du *soleil*, de la *guerre*, du *commerce* et de la *foudre* ; le haut, en forme de dôme ajouré. Haut. o^m14. Larg. o^m09.

196   Joli petit cartel de style Louis XVI, en bronze ciselé et doré, surmonté d'un vase à guirlande de fleurs et terminé par un culot dans la partie inférieure.

197   Deux bronzes, d'après François Boucher : *L'enfant à l'oiseau* et *la petite laitière*, travail du siècle dernier.

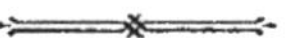

TABLEAUX

ÉCOLE FRANÇAISE

198 Bicheray : *Portrait de Madeleine Villette*, demoiselle de Belleville. Pastel signé et daté 1744.

199 École de François Boucher : Deux jolies toiles décoratives : *Le berger galant* et *l'Amant pressant*, sujets aimables, dans de charmants paysages : ces deux peintures, exécutées dans l'atelier du Maître, sous sa direction, peuvent faire supposer que les fonds de paysage seraient de sa main. Haut. 0m71. Larg. 0m58.

200 Bourguignon : *Combat de cavalerie* : grande et importante composition.

201 De Cauchy : *Portrait de Jeune femme*, signé et daté 1777. Cadre bois sculpté et doré.

202 D'après Clouet : *Portrait de Henri II enfant*.

203 Petite peinture sur cuivre de l'époque Louis XIII, représentant la *Vierge et l'enfant* : cadre en bronze ciselé et doré, avec inscription au revers indiquant le nom du peintre Colombel et la dédicace de donation.

204 D'après Lacroix de Marseille : *Marine* : cadre bois sculpté de l'époque Louis XIV.

205 *Vertumne et Pomone*, aimable composition ancienne.

206 Ecole de Largillière : Petite préparation de *portrait de Jeune femme*, tenant un éventail et un bouquet de roses.

207 Ecole de Largillière : deux petits *portraits d'un prince et d'une princesse*.

208 Olivier : *Le repos au bord de l'eau ;* charmante composition de neuf personnages, dans un paysage.

209 Joseph Parrocel 1648-1704 : *Combat de cavalerie ;* cadre bois sculpté.

210 D'après La Rosalba : Pastel : *portrait de Jeune femme.*

211 J. Swébach Des Fontaines : *Le départ pour la guerre :* délicieuse petite composition.

212 Genre de C. Vernet : *La chasse du Prince de Condé.*

213 Ecole Française XVIIe siècle : *Madeleine en prière :* cadre bois sculpté.

214 Ecole Française : *Le déjeuner du matin :* Pastel ancien de l'époque Louis XVI, de forme ovale, cadre bois doré·

ÉCOLE ITALIENNE

215 D'après Carlo Dolci : *La Vierge au voile blanc :* cadre en bois sculpté.

ÉCOLE HOLLANDAISE

216   Otto van Veen *dit* Otto Venius, maître de Rubens : *Sainte famille,* panneau ; cadre en bois sculpté et doré.

217   Le chevalier Braydel : *Combat de cavalerie,* panneau.

218   Breughel : *Le Christ au mont des Oliviers,* panneau.

219   L. Dentyn 1811 : *Le dernier verre :* composition de trois personnages.

220   Franck, panneau : *L'Insulte au Christ :* cadre en bois sculpté ancien, de l'époque Louis XIV. Intéressante composition (fendu et légères usures).

221   Ecole des Franck : *Le Chris portant sa croix et la Vierge consolatrice ;* tableau sur cuivre, avec cadre en bois sculpté redoré, de l'époque Lou XIV.

222   F. Maas 1680 : *Le marché à la volaille de La Haye :* ex-collection Dangevillers. panneau ; curieux paysage avec multitude de personnages. Belle qualité du maître.

223   D. Teniers : *Le buveur.* petit panneau. Belle qualité du maître (craquelures).

224   D'après Teniers : *La partie de carte.* panneau : 2 personnages.

225   D'après Teniers : *Les buveurs.* peinture sur panneau ; cadre en bois sculpté.

226   D'après Wouwermans : *La halte des cavaliers.*

ÉCOLE ESPAGNOLE

227   Ecole espagnole XVIII° siècle : *Portrait d'un gentilhomme*, peint sur panneau.

228   Attribué à Palamède : *Intérieur chez l'artiste*, panneau. Haut. 0^m45. Larg. 0^m05.

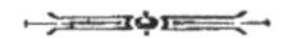

DESSINS

229   Le Prince : *Souvenir de Russie, l'arrivée des voyageurs :* dessin à la plume, signé et daté 1766.

230   L. Roback : *Les plaisirs de la campagne*, aquarelle : joli cadre bois sculpté et doré, de l'époque Louis XIV.

GOUACHE

231   Gouache ancienne de l'époque Louis XIV, peinte sur velin, représentant *le mariage de Sainte Catherine :* cadre de style, en écaille rouge.

MINIATURES

232   Claude-Gustave Klingstet (1657-1734) : Miniature en grisaille, *portrait de deux personnages*, crayon lavis, légèrement rehaussé.

233   Saint Gris : Miniature, *portrait de femme*, de l'époque Empire.

234   Deux petites miniatures sur ivoire : l'une, d'après Coypel, représentant *Loth et ses filles ;* l'autre, d'après Fragonard, *L'heureuse famille*.

235   Petite miniature de l'époque Louis XVI : *La galante déclaration*.

236   Quatre miniatures sur cuivre, dont deux *portraits de femme*, et deux *portraits d'homme*, de l'époque Louis XIV, dans un cadre de l'époque Empire, en bois avec coins, cercles fronton en cuivre ciselé et doré.

ÉMAUX

237   Trois importants émaux, dans des cadres en bois sculpté et doré de style Renaissance, représentant : le plus grand, *Le calvaire ;* dans des réserves, *Saint-Pierre prêchant ;* de chaque côté, *Les portraits du donateur et de la donatrice*. Les deux autres, plus petits, représentant : l'un, *l'Adoration des rois*, l'autre, un *Calvaire*. Précieuses copies, d'après Léonard Limosin.

238   Petit émail : petit sujet d'après Watteau : cadre argent et strass.

239 Email d'après Largillière ; portrait d'un prince et d'une princesse.

240 Email ancien de J. Noallier : Sainte (quelques éclats).

VERRERIE

241 Grand verre en vieux Venise, de l'époque Louis XIII.

242 Trois verres, dans leur écrin, un gobelet, un petit verre à pied, un plus petit, avec gravures, armoiries et chiffre de Monseigneur de la Motte.

243 Petit chien, en verre de Nevers, avec ses petits à l'intérieur (curieuse pièce de verrerie, intacte).

244 Quatre verres gravés, des époques Louis XV et Louis XVI.

BIJOUX

245 Parure composée d'un collier, un pendant de cou et paire de pendants d'oreille, en argent filigrané, grenats, perles, petites émeraudes et pierres de couleurs ; travail viennois.

246 Parure en or de couleur, ornée de perles fines (55 perles), composée d'un pendant de cou et de deux boucles d'oreilles.

247 Parure, composée d'un grand collier, d'un bracelet, en filigramme d'or.

248   Pendant de cou or et roses (dix pierres), et deux pendants
       d'oreilles, ornés également de roses.

249   Pendant de cou, en or émaillé, roses et pierres de couleur.

250   Bracelet argent doré, parties émaillées de couleur, dans le
       style de Cotteau.

251   Bracelet en or et une broche or et rubis.

252   Bracelet de l'époque 1820, composé de cinq gros camées,
       avec jolis motifs en or de couleur, émaillé incrusté de
       petites roses, fort beau travail de Genève.

253   Epingle de cravate, or et platine, ornée au centre d'un grenat.

254   Bague avec roses de Hollande.

255   Sautoir en or.

256   Attache de manteau émail, avec grand et beau camée
       coquille, représentant *l'astronomie*.

257   Montre d'homme en argent gravé, de l'époque Louis XIV, à
       sonnerie, le cadran en argent et à divisions horaires ;
       signée Pierre Fradoil, à Paris. Chaîne et clef ancienne.

258   Petite montre allemande, en forme d'œuf, avec cadran formé
       par une croix gravée (incomplète).

MANUSCRITS ET LIVRES

259   Livre d'heures de l'époque du XVI siècle, provenant de la confrérie du Puy Notre-Dame (à Amiens), comprenant 71 pages manuscrites : en frontispice, grande miniature représentant une *adoration à la Vierge et à l'enfant* : la première page, ornée de *dessins et d'arabesques* dans ses marges. A l'intérieur, illustrations de *quinze lettres ornées, quinze lettres armoriées* et *six lettres avec miniatures.* Curieux et intéressant document sur la Picardie, provenant de l'ex-collection Dusevel (taches d'humidité et retouches à certaines miniatures).

260   Tableau de la Croix, imprimé chez Mazot 1651. Reliure maroquin rouge, dorure aux petits fers.

261   Catalogue des très illustres Ducs et Connétables de France. Paris, imprimerie de Vascosan, 1555, quelques armoiries coloriées, modernes.

262   Recueil imprimé, illustré de gravures coloriées, 1552.

263   Calendrier de la vie humaine (reproduction de l'addition de 1508 de Simon Vostre). Manuscrit composé de onze pages, avec douze miniatures en cul-de-lampe et une lettre ornée.

264   Sous ce numéro, objets omis au catalogue.

9 782329 539584